I0154482

INVENTAIRE

622·667

RECUEIL

DE POÉSIES

HISTORIQUES ET LYRIQUES,

PAR A. FOULON.

TOUL,

Vᶜ BASTIEN, IMPRIMEUR-LIBRAIRE, RUE MICHATEL, Nº 35.

MDCCCXLVI.

RECUEIL

DE POÉSIES

HISTORIQUES ET LYRIQUES,

PAR A. FOULON.

TOUL,

Vᵉ BASTIEN, IMPRIMEUR-LIBRAIRE, RUE MICHATEL, Nᵒ 35.

MDCCCXLVI.

Toul. — Imprimerie de Vᵉ BASTIEN.

AVIS.

Je puis, à la tête de ce Recueil, avouer mes craintes, sans être soupçonné de cette fausse modestie si commune aux auteurs qui, dans leurs préfaces, affectent un langage plein de timidité, lorsqu'ils sont intérieurement pleins de confiance.

Pour moi, je n'ai aucun sujet d'en avoir; je vais rapporter certains événemens qui, pour la plupart, sont déjà connus, et dont tout le mérite consiste à être toujours intéressant.

Je vais traiter des sujets sur lesquels on suit différens systèmes, et comme chacun soutient avec chaleur le parti qu'il a embrassé, je dois m'attendre à déplaire, malgré mes intentions, à ceux qui ont des sentimens contraires aux miens.

Enfin, j'écris en vers, et à ce titre je réclame l'indulgence du lecteur.

A. Foulon.

Sommaire des Sujets.

Affaire de la Macta.

Hahoun ! hahoun ! — (Les voilà ! les voilà !)*
[*Cris de guerre des* ARABES.]

Vingt–huit Juin ! vingt-huit Juin ! funèbre anniversaire
D'un jour où nos soldats sur la terre étrangère
Par des soldats comme eux, lâchement délaissés ,
Succombaient, assaillis par le nombre infidèle ,
Où le bronze français foudroyait pêle et mêle
   Les Arabes et nos blessés !

   La charge commence ,
   L'airain va mugir ,
   Et chacun s'élance
   Pour vaincre ou mourir ;
   Le combat s'engage ,
   Bientôt le carnage
   Déploie avec rage
   Sa prompte moisson ;
   Le chaume pétille ,
   L'arme blanche brille ,
   L'arabe fourmille
   Jusqu'à l'horizon !

Sur le sol qui tremble
Soldats et coursiers
Franchissent ensemble
Fossés et halliers ;
En vain la mitraille,
Prompte funéraille,
Des champs de bataille
Vomit le trépas,
L'armée Africaine
Avec elle entraîne
Au loin dans la plaine
Nos braves soldats !

L'armée ébranlée
En ce jour fatal,
Craint dans la mêlée
Pour son général !
Où la charge sonne,
Où le bronze tonne,
Où l'airain moissonne
Des rangs à la fois,
Où l'obus s'irrite
Là se précipite
Trézel, il excite
De sa noble voix !

Je l'entends encore
Sur le champ de mort

Cette voix sonore
Tenter un effort;
J'entends sur la grève
Que le vent enlève
Le mourant qui lève
Les yeux vers le ciel,
Le caisson qui crie,
La mousqueterie,
Chacun s'écrie :
Oui ! vive Trézel ! !

Vivat beau , sublime ,
Vivat mérité ,
Vivat magnanime
Du brave attristé!
Oh ! cesse ma lyre,
Oh ! cesse de dire
Sur ce long martyre
Sur ce jour de deuil;
Mais aussi sois fière ,
Célèbre et vénère
La palme guerrière ,
Chante avec orgueil :

Chante la mémoire
D'un noble destin
Que vit avec gloire
Le sol Africain ;

Muse du poëte,
Captive, inquiète,
Serais-tu muette?
Lorsque sur ces bords
Le devoir t'appelle,
Non, tu dois, ma belle,
Au brave fidèle,
Tes faibles accords!

O Macta! jour de deuil! de mémoire sanglante,
Où des cris déchirans aux houras d'épouvante
Se mêlaient, sans qu'on put aux braves malheureux
Porter d'autres secours que ceux de la mitraille,
Où l'on dut en ce jour horrible de bataille
    Mourir seulement avec eux!

Où l'héritier d'un nom que donna le grand homme,
Que l'histoire partout dans ses pages renomme,
Tomba jeune et brillant de gloire et d'avenir,
Oudinot! ah! pourquoi sur la dalle sonore
A ce nom n'as-tu pas, ô belle France, encore
    Offert un pieux souvenir?

C'est qu'un jour entouré d'une armée intrépide
Un frère demandait compte à la grève aride
De son frère chéri, d'un précieux dépôt
Que ne put recueillir l'asyle funéraire,
C'est qu'il ne dut trouver sous quelques pieds de terre
    Qu'un souvenir de Reggio!

Mais les siècles futurs au temple de mémoire
Liront avec orgueil nos hauts faits , notre gloire ;
Au nom de Reggio chacun s'inclinera ;
Là nos fiers descendants sur la pierre polie
Viendront se souvenir , leur ame recueillie ,
    D'un brave mort à la Macta !

En vue d'Alger.

La voyez-vous d'ici la ville orientale ?
A l'horizon lointain de là haut elle étale,
    Comme un disque resplendissant,
Sur un large côteau, sa masse circulaire,
Si belle qu'on dirait une immense carrière
    De granit et de marbre blanc !

Que par le plus beau jour vous arriviez de France
Sur un brick dont la proue avec fierté s'avance
    Vers l'orientale cité,
Vers la cité jadis vil et sanglant repaire
Du tyrannique Dey, de l'insolent Corsaire,
    Assassins de la Chrétienté !

Ou que ce soit la nuit, lorsque du haut des nues
La lune vient glisser sur les terrasses nues
    De la blanche ville qui dort,
Et sous de grands créneaux passant claire et sereine,
Vous laisse voir autour de la ville africaine
    Les noirs canons de chaque fort !

Pensez à cette armée si belle et valeureuse
Qui prit en quelques jours une ville orgueilleuse,
    Où des vaisseaux à triple rang
Sous ces murs africains jadis en vain tonnèrent,
Où deux rois si fameux tour-à-tour échouèrent,
    Charles-Quint et Louis-le-Grand !

Puis songez, en voyant le sol de l'Algérie,
En saluant d'ici l'Atlas, autre patrie,
    Aux longs et glorieux efforts
Des braves qui, debout pour garder nos conquêtes,
Ont gravi tant de fois de périlleuses crêtes.
    Où sont ces braves ? ils sont Morts !

Où sont-ils ? demandez à la terre qu'on foule,
A l'arbre du chemin, au tertre qui s'éboule
    Sous les charges des cavaliers ;
A la grève, aux côteaux, aux sommets des montagnes,
Au sable aride, aux bois', aux brûlantes campagnes,
    Aux rocs qu'abritent les halliers !

Partout où vous irez, partout où l'herbe pousse,
Partout où l'oiseau va faire son nid de mousse,
    Partout de grands noms à citer,
Partout un deuil à prendre, une prière à dire,
Des lauriers à donner; sur la muse et la lyre,
    Partout une gloire à chanter !

Allez , voyez : ici que votre front s'incline ;
Un souvenir de deuil est là , c'est Constantine !
    Et du haut de ce mamelon
Où d'herbes et de fleurs la terre est dépouillée
Ecoutez , puis l'écho plaintif de la vallée
    Vous répétera : « Damrémont ! »

Le soir chaque soldat avait crié : « vengeance ! »
Le soir les vieux canons vomissaient en cadence
    Sur des murs leurs chocs meurtriers ;
Le lendemain , l'armée au maintien invincible
Debout sur les débris d'une brèche terrible ,
    Fixait un crêpe à ses lauriers !

Voyez-les s'élancer comme en un jour de fête ,
Tous ces soldats avec de jeunes chefs en tête ,
    Emules de ceux d'Austerlitz ;
Mais un noir tourbillon enveloppe ces braves ,
Et presque tous , hélas ! sous de brûlantes laves
    Disparaissent ensevelis !

Oh ! ne demandez pas sous l'ardente poussière
Sous ce mur que l'on vit s'ouvrir comme un cratère
    Quel brave tomba le premier !
Car tous les jours il croît d'une grandeur nouvelle ,
Matin et soir l'enfant à l'école l'épèle
    Avec le nom de Changarnier !

Ainsi le lendemain en s'écriant : « Victoire ! »
Il fallut donc, hélas ! aux palmes de la gloire
    Unir trois immortels tombeaux !
Ainsi donc en criant : « vive à jamais Valée ! »
Il fallut élever ce triple mausolée :
    Damrémont, Combes, Peyrigaux !

A côté de noms grands comme ceux de l'Empire,
Et que depuis quinze ans en Europe on admire,
    Auprès de tant de dévouement,
Un nom grandit toujours ; la ville orientale,
Voyageur empressé, là bas vous le signale
    A l'hôtel du gouvernement !

Il est où nos soldats vont et se précipitent,
Sur les monts, dans la plaine, à la chambre où s'agitent
    D'immortels et nobles débats ;
Orateur et guerrier, sage, grand, économe,
La France a réservé les deux palmes à l'homme
    De la tribune et des combats !

Que de gloire à citer, d'actions à produire
Le soir à la veillée ! et que de noms à lire !
    Disons qu'avec tant de hauts faits
Toute l'Afrique ainsi peut être résumée,
Qu'avec de pareils chefs notre vaillante armée
    Ne peut dégénérer jamais.

Le Condamné au Boulet.

.... Ferri rigor strictæ que Catenæ !
[Virgile.]

Oh ! voyez-le à genoux auprès de la Colonne,
Avec un lourd boulet qui roule et qui résonne,
Avec les yeux bandés, le front calme et serein,
Avec le capuchon qui retombe en arrière,
Avec l'habit semblable à celui qu'en prière
    Porte le frère pélerin.

Oh ! voyez : tout est là comme en un jour de fête,
Les tambours vont rouler, la musique s'apprête,
Le ban dans les échos va retentir trois fois,
Comme pour saluer l'épaulette nouvelle,
Près du bronze où grandit la statue immortelle
    D'un nom qui fit trembler les rois !

Savez-vous ce qu'il est le condamné qui traîne
Le boulet qui se heurte avec sa longue chaîne,
Le fer qui fait frémir comme au pied d'un forçat,
O vous qui revenant de Feydeau, le dimanche,
Passez en fredonnant l'air de la Dame-Blanche :
    « Ah ! quel plaisir d'être soldat ! ! ».

Vous qui voyez , un jour passant aux Tuileries ,
Près des verts orangers , de leurs branches fleuries ,
Où la beauté s'assied avec un doux émoi ,
Nos bataillons debout une journée entière ,
Défiler aux accents de la marche guerrière ,
      Aux longs cris de : « Vive le roi ! »

Savez-vous bien pourquoi ces fusils en cadence
Résonnent devant lui pour lire sa sentence ?
Du soldat criminel ? Pourquoi bat le tambour ?
Pourquoi cet appareil aujourd'hui le réclame ?
C'est qu'il avait dix jours dans les bras d'une femme ,
      Célébré le vin et l'amour !

Inconcevable arrêt , cérémonie étrange ,
Bizarre et ridicule , au jour où l'on échange
Le sort de nos soldats disparus de nos rangs !
Où l'on prononce , hélas ! les mots de cinq années ,
Où l'on joue en bâillant avec des destinées
      Comme avec des jouets d'enfants !

Au jour où noblement la garde rassemblée ,
Ecoute en défilant la musique étalée ,
Et le long roulement du tambour qui la suit ;
Où l'on devrait encore en passant sur ces dalles ,
Pour compléter ce jour , comme des cannibales
      Danser en rond autour de lui !

Le flot de Belle-Isle
Pour lui mugîra,
Le boulet docile
Pour lui roulera ;
Alors sans murmure
Sur la roche dure
Avec son armure
Chacun le verra,
Jusqu'à ce qu'encore
Une voix sonore
Pour le sol du Maure
Le réclamera !

Et quand on l'aura vu se courbant vers la rive,
Laisser pendant cinq ans sur l'onde fugitive,
Sur le sable des mers la sueur de son front,
« Assez ! » lui dira-t-on, d'une voix inhumaine !
« Pars ! puis il marchera vers la terre africaine
      Avec des fers jusqu'à Toulon !

Puis il traversera la Méditerranée,
Il verra se briser la vague déchaînée,
Les vergues du grand mât se baigner dans les flots,
Il entendra les vents souffler dans la nuit sombre,
Et leurs longs sifflements se confondre dans l'ombre
      Avec les cris des matelots !

Il entendra crier : « Allah ! » dans les tartanes,
Il entendra jouer à l'ombre des platanes
L'arabe des tribus avec son chalumeau,
Et le vent du désert au-dessus de sa tête
Passera comme un feu qui pétille et qui jette
      Sa flamme à travers un fourneau !

Il verra la cigogne, à son vieux nid fidèle,
Revenir chaque année, et frôler de son aile
sur les blancs minarets, les cornes du Croissant,
Le pieux Marabout dans la sainte Mosquée
Appeler en montant, d'une voix suffoquée,
      Avec un verset du Coran !

A peine dans les camps il verra la poussière
Se mêler aux galops, aux (hahoun,) cris de guerre,
Aux fiers hennissements des rapides coursiers,
L'arabe qui s'enfuit, portant ailleurs sa tente,
Le spahis s'élançant dans la plaine brûlante
      Tout debout sur ses étriers !

Puis s'asseyant un soir vers le funèbre asile
Où l'âme va prier, recueillie et tranquille,
Où chacun ici-bas fait un pas tous les jours,
Il verra la Mauresque à genoux sur la pierre,
Sur le marbre poli du sacré cimetière,
      Pleurant sa mère ou ses amours !

2

BIBLIOTHÈQUE ROYALE

Il verra tout un jour, dès l'aurore nouvelle,
Assis le pauvre aveugle avec sa vieille écuelle,
Au nom d'Abd-el-Kader demander un mouzoun ;
Près de là les crochets qui sont fixés encore
Avec leurs clous hideux, à la voûte sonore
     De la porte de Babazoun !

Il verra le bédouin descendant des montagnes,
Traverser les pieds nus, les brûlantes campagnes,
Mieux aimant ses rochers que des séjours plus doux,
Et dans le vieux sentier le farouche kabyle,
Conduisant le chameau qui se jette, docile,
     Pour quitter sa charge, à genoux !

Alors il foulera la nouvelle patrie,
Il aura salué le sol de l'Algérie,
Ses aloës pointus, ses citronniers fleuris ;
Puis se désaltérant dans le creux d'une route,
Un jour l'yatagan, le houra de l'hadjoute
     Sous les rocs de l'Atlas laisseront ses débris.

Lorsque la prière
Le soir sonnera
Une vieille mère
S'agenouillera ;
Un matin son ame
De la pauvre femme
Avec douce flamme
Se recueillera,
Et demain l'Archange
Chantant sa louange
Où l'attend son ange
La consolera !

Élégie sur la mort du Prince Royal.

Pallida mors æquo pulsat pede pauperum tabernas
Regum que Turres ! . . .

(Horace.)

La Mort n'épargne rien sur son hideux passage ;
Tout s'enfuit avec elle au funèbre rivage ;
Pauvre, riche, docteur, guerrier, poète et sage,
Pour tous l'heure est inscrite au livre général ;
Tous sans distinction vont au sombre royaume ;
Aux splendides vitraux du palais et du dôme,
Comme aux portes de l'humble chaume,
La mort frappe d'un pied égal !

Un jour elle passait, dans sa course rapide
Après elle laissant la stupeur et l'effroi,
Lorsqu'elle vint s'asseoir, sombre, pâle et livide,
  Sur le brillant palais d'un roi.

Elle avait du néant ouvert le noir abîme,
Et brandissant soudain son effrayante faulx,
Elle disait : « Je veux une illustre victime,
  « Je veux de superbes tombeaux ! »

Dix jours après, hélas ! le bourdon en volées ,
Pleurait dans les échos du grand Paris en deuil ,
L'œil morne ; des tambours sur leurs caisses voilées
　　Roulaient près d'un royal cercueil !

Si jeune au bord d'une avenue ,
Mourir sous un toit ignoré !
Mourir dans une chambre nue ,
Roi de tant d'espoir entouré !
Mourir ! lorsque le vœu suprême
Allait fixer ton diadême ,
Quand de son acclamation
L'immense et guerrière Province
Allait te saluer, grand prince ,
Roi d'une grande nation !

　　Qui dirait la douleur amère
　　D'un vieux monarque aux cheveux blancs ?
　　Des frères , des sœurs , de la mère ,
　　Des plus chers et nobles enfants ?
　　Oh ! d'une famille éperdue
　　Parmi le peuple confondue
　　Et suivant un cortège en pleurs ,
　　De la foule silencieuse ,
　　Mêlant , recueillie et pieuse ,
　　Son deuil aux royales douleurs ?

Mon Dieu ! que de regrets aux têtes couronnées !
De passages cuisans marqués dans vingt années !
L'un plus grand que César , sous les coups d'Albion
Meurt , illustre captif, au roc de Sainte-Hélène ,
L'autre , fils du géant, à la cour autrichienne ,
S'éteint , n'ayant connu son père que de nom.

Un vieux roi détrôné fuit au loin et s'exile !
Holyrood ! holyrood ! puis ce modeste asile
A de soixante-huit rois englouti le blason ;
Et le faon seul, le soir, sortant de la clairière
Foule l'herbe qui croît près d'une simple pierre,
Depuis Stuart jusqu'à Bourbon.

Un petit fils ailleurs sur la terre étrangère
Boit lentement l'exil dans une coupe amère ;
Un prince royal meurt, tombé du haut d'un char ,
Laissant sur des pavés une existence chère
A l'armée, à la France, à notre roi son père,
Au fils, à l'époux , au vieillard !

Voilà donc aujourd'hui, Seigneur , la destinée
Qu'au digne fils d'un Roi réservait votre main !
Voilà le trône , hélas ! qu'à l'auguste hyménée
Dressait votre bras souverain !

Ce n'est point seulement à l'épouse chérie
Que vous avez ravi, mon Dieu, l'illustre époux,
C'est à tous les enfans de la grande patrie,
Qui viennent pleurer à genoux !

Ce n'est point seulement à la fille, à la mère,
Au vieux monarque, aux sœurs, aux frères éplorés,
C'est à l'armée aussi, c'est à la France entière,
C'est à deux enfants adorés !

Hier c'était bonheur, rêves d'or, espérance;
Sous de riches lambris hier un fils de France
Souriait à l'aspect du sceptre des Césars ;
Hier sous les balcons des demeures royales
Nos bataillons passaient, heurtant de larges dalles
Et saluaient un prince avec leurs étendards !

Hier au fils d'un roi le Louvre ouvrait ses portes,
Hier au Carrousel de nombreuses cohortes
Remplissaient tout Paris de leurs guerriers concerts,
Hier les trois couleurs de la noble oriflamme,
Radieuses flottaient aux tours de Notre-Dame,
Aujourd'hui les drapeaux de deuil se sont couverts !

Hier du saint autel les marches éclatantes
Attendaient que l'on vînt de fleurs éblouissantes
Les parsemer ; hier un trône était dressé ;

Au lieu de blanches fleurs , c'est la pâle immortelle ,
Au lieu d'un trône , hélas ! c'est la tombe éternelle ,
Et demain le néant là-bas aura passé !

Demain à la chapelle où repose Marie ,
Où viendront s'incliner les fils de la patrie ,
Où dorment les vertus , les graces , la douceur ,
Le frère ira dormir , accompagné de larmes :
Là nous déposerons nos regrets et nos armes ,
Car le frère demain aura rejoint la sœur !

Là seront les tombeaux de la sœur et du frère ,
Là chaque voyageur sur la royale pierre
Viendra s'agenouiller , viendra se recueillir ,
Là des grandes vertus nous trouverons l'image ,
Là nos fils à leurs fils transmettront d'âge en âge
Des modèles pleurés l'éternel souvenir !

Mort du Maréchal Ney.

Sept décembre 1815.

« Dites : Michel Ney et bientôt un peu de poussière ! »
[*Paroles du Maréchal* NEY.]

Oh ! qui que vous soyez , ou pauvre , ou riche , ou grand ,
Ou prolétaire , ou noble à l'écusson brillant ,
    Ou fils de Mars et de la gloire ,
Ou bien fils de Paris , suivez le grand faubourg ,
Levez les yeux , lisez : Palais du Luxembourg ,
    Un peu plus loin : Observatoire !

Oh ! qui que vous soyez , quand des soucis divers
Vous font rêver là haut vers ce palais des Pairs ,
    Vers ces murs de la noble Chambre ,
Arrêtez-vous un peu ; sous un porche éclatant ,
Voyez ces lettres d'or , et puis avec du sang
    Écrits ces deux mots : « Sept décembre ! »

A ce noir souvenir qui frappe droit au cœur ,
Inclinez-vous ici , priez avec ferveur
    A genoux sur la froide pierre ,
Car c'est là que quelqu'un un matin déclinant
Des titres , entendit : « Non , dites seulement
    « Michel Ney et de la poussière !. »

Le lendemain matin , mornes , silencieux ,
Quelques vieux vétérans , les larmes dans les yeux ,
    Et le sang glacé dans les veines ,
Derrière de vieux murs visèrent un héros ,
Puis le nom d'Elchingen réveilla les échos
    Des fossés plaintifs de Vincennes !...

Là disparut plus grand que les fastes des Rois
Le brave dont le front, fut noirci tant de fois
    Par la poudre et par la fumée ;
Le brave que le nord a vu sur ses glaçons ,
Rallier les débris de nos vieux bataillons ,
    Les restes de la grande Armée !.

Là celui dont le front, tant de fois couronné
Par la gloire, n'avait pas encor grisonné,
    Pour fin eut le sort des esclaves ,
Pour cortège , personne , et pour dernier honneur
L'Observatoire , hélas ! celui que l'Empereur
    Surnomma : « Le brave des braves ! »

Lettres d'or sur le mur, édifices nouveaux,
Frontons sculptés et vers gravés sur les tombeaux ,
    Tout s'en va, s'oublie et s'efface ,
Aujourd'hui les grandeurs et demain le néant ;
Mais au vieux Luxembourg une tache de sang ,
    Oh ! tache éternelle à sa face !

Ode sur la mort de M. le Baron Larrey,

Membre du conseil de santé des armées, ancien chirurgien en chef de la Grande Armée.

« C'est l'homme le plus vertueux que j'aie connu ! »
[*Paroles de* NAPOLÉON.]

Des bords du Nil et de l'Euphrate,
Du nord, du midi, du couchant,
Accourez, enfants d'Hippocrate,
Esculape en deuil vous attend ;
Accourez, un grand maître expire,
Apollon a voilé sa lyre,
Et quittant le céleste Empire,
Courbe son front majestueux ;
Avec la grande capitale
Pleurez sous l'arche occidentale
Celui qu'une ame impériale
Proclama le plus vertueux.

Pleurez, c'est l'homme de génie,
L'homme par le ciel inspiré,
L'homme à la science infinie,
L'homme supérieur, c'est Larrey.

Puis écoutez : « Le canon gronde
« Au loin sur la masse profonde ,
« La France entière annonce au monde
« Sa grande Révolution ,
« Des bords du Rhin écoutez comme
« Beauharnais signale et renomme
« Déjà grand , quoique tout jeune homme ,
« Larrey près la Convention ! »

« Des grands de l'art c'est le modèle ,
« L'exemple des nobles vertus ,
« C'est la gloire toujours nouvelle ,
« Car Larrey ne s'appartient plus !
« Partout, dans les grandes batailles
« Où , sous de lointaines murailles
« La mort étend ses funérailles ,
« Prodiguant de nombreux secours,
« Au premier rang Larrey s'avance ,.
« Inspiré de la Providence ,
« Sous le feu nul ne le devance,
« Sous le canon Larrey toujours !

« Un froid hiver perce la nue ;
« Près d'un grand fleuve au flot glacé ,
« Deux vieillards sont là , tête nue ,
« Tout seuls , c'est Larrey, c'est Moncey !
« Quand l'airain gronde dans la plaine
« Et qu'un noble prince ramène
« Le prisonnier de Sainte-Hélène ,

« Aux cris de joie et de bonheur ,
« Serait-il possible de dire :
« Comment un grand cortège admire
« Seuls deux vieux doyens de l'Empire
« Regardant passer l'Empereur?

« Sentant son illustre carrière
« Toucher aux portes du trépas,
« Le vieillard presque octogénaire
« Voulut voir les rocs de l'Atlas ;
« Il pressentait bien, le grand homme,
« Plus grand que les héros de Rome ,
« Que bientôt au divin royaume
« Il devait revoir l'Éternel ;
« Car de retour dans sa patrie ,
« Le vieillard se recueille et prie :
« Puis hélas! son ame chérie
« Huit jours après montait au ciel!

« A son digne fils en partage
« Point d'or , un grand nom , rien de plus !
« Non , point de splendide héritage ,
« Rien que celui de ses vertus !
« Mais cet or qu'avait le vieux père,
« Qui de tant d'autres sur la terre
« Fait les rêves et la chimère ,

» Pourquoi ne put–il l'enrichir ?
» Oh ! c'est que son ame attendrie ,
» Comme à Lobau , comme en Russie ,
» Donnait aux fils de la patrie ,
» Que sa main venait de guérir ! »

De tous les grands est–ce l'histoire ?
Est–ce le renom des combats ,
Des batailles est-ce la gloire
Qui peuvent devancer tes pas ?
Est–ce où les grandeurs se rassemblent ,
Où près d'un nom les hommes tremblent ,
Où tant de héros se ressemblent
Dans l'immense postérité ,
Grande ame , que tu prendras place ?
Oh ! non , toute autre gloire passe ,
Non , toute autre splendeur s'efface
Devant ton immortalité !

Naissance du Comte de Paris.

Deux mai 1842.

> Do, do, l'enfant do dormira bientôt !
> [*La nourrice du petit* ROI DE ROME.]

> O Infans atavis edite Regibus !
> [HORACE.]

Dors, dors, royal enfant, là France ta marraine,
Sur ta tête à fixé de sa main souveraine,
    Pour flèche un sceptre à ton rideau ;
Tu dors et ne sais pas quel éclat t'environne !
Tu dors et ne sais pas qu'il pend une couronne
    Aux franges d'or de ton berceau !

Tu dors, et ne sais pas que la ville royale
Un matin salua sous l'arche triomphale,
    La pourpre qui t'enveloppa ;
Tu dors, et ne sais pas sous ta riche parure,
Le soir en t'éveillant que ta lèvre murmure
    Le nom d'un roi ton grand-papa !

Tu dors, comme une fleur qui se penche mi-close
Sur un sol embaumé ; comme un bouton de rose
    Où l'abeille va se poser ;
Ta bouche , bel enfant , dès l'aurore première ,
S'entr'ouvre en gazouillant le doux nom de ta mère
    Qui t'éveille avec un baiser !

Dors , tu verras demain aux longues Tuileries ,
Les brillants écussons , les riches draperies ,
    Se pavoiser à ton réveil ;
L'armée au Carrousel réunie en famille ,
Les chevaux piaffant près de la grande grille ,
    Dont l'or étincelle au soleil !

Dors , tu verras demain Lutèce radieuse
Suivre avec des Vivat la marche glorieuse ,
    Jusqu'aux portes du temple saint ;
De palmes et de fleurs les portes couronnées ,
Les masses s'avançant au loin échelonnées
    Avec leurs roulemens d'airain !

Dors ; demain , vers la nef où l'or et le porphyre ,
Enfant , refletteront ton aimable sourire ,
    Quelqu'un se penchera vers toi ;
Ses mains te béniront avec le saint baptême ,
Puis une main royale avec le diadême ,
    Caressera ton front de roi !

Dors ; tu sauras pourquoi l'autel sacré s'enflamme,
Et pourquoi le Bourdon des tours de Notre-Dame
    Fait trembler des murs tout noircis ;
Pourquoi les vieux canons vont ébranler la nue,
Et pourquoi du grand temple au Louvre on te salue
    Avec le drapeau d'Austerlitz !

Dans ton berceau royal dors , bel enfant , la France
Au grand Paris se mêle et va prendre d'avance
    Pour espérance un si beau jour ;
Pour espoir de bonheur, pour noble destinée,
Pour glorieux soutien , un si doux hyménée,
    Et d'Orléans et Mecklenbourg.

Sainte=Hélène.

« Je lègue l'opprobre de ma mort à la maison
régnante d'Angleterre ! »
[*Paroles de* NAPOLÉON.]

Venez voir reverdir ces vieux drapeaux du dôme,
Français ; quand reviendront les restes du grand homme,
    Oh ! venez tous vous recueillir !
Oh ! venez saluer cette cendre chérie
Dans un asyle où vont les fils de la patrie
    Et se reposer et mourir !

On leur a dit : Partez, glissez sur l'onde amère ,
Généreux citoyens ; qu'une brise légère
    Enfle en ridant les mers, votre noble vaisseau !
Que le ciel soit serein ! qu'au rivage de l'Ile
Puissent toucher la barque et sa rame docile,
    Et saluer en paix le glorieux tombeau !

Ils sont partis, voguant vers la terre lointaine ;
Fiers du sacré dépôt , ils descendront la Seine,
    Français , puisqu'aujourd'hui ,
Puisque tremblant encor sous son blason antique
Au nom de l'Empereur, une voix britannique
    Une voix a dit : « Oui ! »

Alors en disant : Oui ! la royale assemblée
Par notre ambassadeur en sursaut réveillée,
    Et déposant son noble orgueil,
Avec le vieux chapeau, la bannière immortelle,
Crut voir Napoléon paraître devant elle,
    Sortant debout de son cercueil !

A ces mots ont pâli l'anglais et son sicaire :
« Je lègue à la maison régnante d'Angleterre
« L'opprobre de ma mort !... Et le Bellérophon
Se souvenant encor de la grande infortune
Sembla même craquer, depuis sa vieille hune
    Jusqu'à son triple pont !

Au saule de Longwood dire que pour descendre
Il a fallu prier les Anglais de nous rendre
    Ce qu'il fallait d'abord
Leur demander avec des mèches allumées,
Avec des bras levés, des frégates armées
    Et des canons à bord !

Fiers enfants d'Albion vous avez beau nous rendre
Les restes du héros, sa glorieuse cendre !
    Au Dieu qui là haut nous attend,
A son saint tribunal, à sa voix souveraine,
Vous rendrez compte un jour du roc de Sainte-Hélène,
    Comme du bûcher de Rouen !

Vous avez sur vos fronts deux sceaux d'ignominie
Comme un peuple a le sien sur sa face ternie
    Sur son chef large et blanc !
Ecrits avec du sang en longues funérailles
Deux noms vous sont jetés sous vos blanches murailles :
    Sainte-Hélène et Rouen !

« Puisse cesser la haine entre nous et la France !
« Puisse s'éteindre ainsi la moindre souvenance
    « D'un long ressentiment !
« Qu'aujourd'hui, dites-vous, l'union nous appelle ! »
    « Oh ! Longvood a du sang ? le feu de la Pucelle
    « Brûle encore à Rouen !

La Révolution et Cinquante ans après.

« Ils sont tous morts pour vous défendre! »
[Casimir Delavigne.]

Onze ans restaient encor d'un siècle gigantesque,
Lorsqu'en un jour, éclat, grandeur chevaleresque
Pompe qui laisse au loin un éclatant reflet,
Splendeur, sceptre d'un roi, palmes fleurdelysées
Disparurent avec des murailles brisées,
Et ce jour là ce fut le quatorze Juillet!

Méconnaissant alors la vieille royauté,
Avec ses mille bras tout Paris révolté,
    Sous une nouvelle bannière,
Des repaires hideux, du rempart colossal,
Des antiques créneaux, du cachot féodal
    Ne laissa pas pierre sur pierre!

Puis cinquante ans après, où l'affreux despotisme
Jadis avait fixé son mortel ostracisme,
    Où des rois s'arrêtait la bonne volonté,
Voyez : C'est une place embellie et parée,
C'est la place aujourd'hui pour toujours consacrée
    Aux martyrs de la liberté!

Voyez-vous la Colonne aux contours glorieux,
Avec ses noms sculptés sur le bronze pieux ?
      Emule d'une autre Colonne,
Elle semble être là pour dire aux nations
Ce que de temps il faut aux révolutions
      Pour saper les bases d'un trône !

Vous avez désormais, enfans du vieux pays,
Deux grandes stations à faire dans Paris ;
      Enfans de la grande famille,
Vous avez l'une au pied de l'aigle impérial,
L'autre sur les degrés d'un bronze triomphal,
      A la place de la Bastille !

Colonne digne sœur de celle de Trajan,
L'une est l'airain conquis de l'Est à l'Occident,
      Depuis le Volga jusqu'au Tibre,
Et l'autre dont les noms au loin ont retenti,
Annonce au voyageur que trois jours ont suffi
      A la France pour être libre !

Devant l'une le soir lorsque vous passerez,
Lorsqu'à son piédestal seul vous l'admirerez
      De nos couronnes parsemée,
Découvrez-vous, c'est là que surgit un grand nom,
Levez les yeux, lisez, lisez : « Napoléon »
      Aux soldats de la grande armée ! »

Puis gagnez, recueilli, les bruyants boulevards,
Où s'étalent grandeurs, nouveautés et beaux-arts,
    Opulence, gloire et richesse ;
Arrêtez-vous, bientôt un autre monument
Est devant vous, lisez sur son front éclatant :
    « Aux braves enfans de Lutèce ! ».

Revue Politique.

Du départ de l'île d'Elbe au 15 décembre 1840.

« L'Aigle volera de clocher en clocher jusques sur
« les tours de Notre-Dame! »
[*Départ de l'île d'Elbe.*]

« La Garde meurt et ne se rend pas! »
[*Waterloo.*]

« Je désire que mes cendres reposent sur les bords de la Seine,
« au milieu de ce peuple français que l'ai tant aimé! »
[*Paroles de* NAPOLÉON.]

Un jour avec la triple flamme
L'aigle échappé de son rocher
« Jusques aux tours de Notre–Dame
« Volait de clocher en clocher! »
L'aigle, dans sa course première,
Avec l'immortelle bannière
Etendit sur Labédoyère
Ses ailes comme un réseau d'or :
Le soir le bronze tonne et gronde,
Le soir Grenoble annonce au monde
Que sur notre France féconde
L'oiseau reprend son noble essor !

Ney parut, saluant l'écharpe tricolore ;
L'ombre du vieux drapeau, comme une heureuse aurore,
Jusqu'à l'arc triomphal, jusqu'au royal blason,
Partout se dessina paisible et triomphante,
Et la grande cité surgit encor brillante
      Comme une étoile à l'horizon !

    Il se posa sur ses tourelles
    L'aigle,... et bientôt du haut des Cieux
    Planant avec de larges aîles
    Sur des débris victorieux !
    D'une immense plaine de foudre,
    De bronze, de chars et de poudre,
    Un homme apparut pour résoudre
    Un problème exterminateur ;
    Soldats et généraux en foule,
    Sur le sol qui tremble et s'éboule
    Se ruaient comme un mur qui croûle
    Aux cris de : « vive l'Empereur ! »

Et l'armée entonnant ce Te Deum de gloire,
Ces cris avant-coureurs de la grande victoire,
Ces longs vivat, l'effroi des Rois à leur réveil,
Et l'aigle voltigeant sur une ligne immense
Semblaient lancer la foudre et planer vers la France
      Avec les rayons du soleil !

Quand le soir la terre ébranlée
Montra vers l'horizon lointain
Une épouvantable mêlée
D'hommes, de chevaux et d'airain ;
Alors sous le bronze qui tonne,
Sous l'insolente voix bretonne
La Garde, au nom du vieux Cambronne,
Mourut et ne se rendit pas ;
Alors l'aigle aux plumes dorées,
De ses régions éthérées
Avec nos masses entourées
Vint s'abimer avec fracas !

Alors se déroula cet effroyable drame,
Alors avec les cris, la fumée et la flamme
Le traître confondit sa voix dans les échos ;
Puis s'arrêtant trois jours devant la grande ville,
L'Empereur disparut pour laisser dans une île
　　　Ses débris au milieu des flots !

　　Vingt ans sous la pierre plaintive
　　Le grand homme se reposa,
　　Et vingt ans l'onde fugitive
　　Sur le roc en pleurs se brisa ;
　　Lorsqu'un jour la mer apaisée,
　　Vers une tombe délaissée
　　Porta brillante et pavoisée

Une poupe au saule pleureur,
Oh ! lorsqu'un jour Lutèce heureuse,
Salua sous l'Arche pieuse
De la chapelle glorieuse,
La cendre de son Empereur !

France, ils sont accomplis les vœux de Sainte-Hélène :
Le grand homme repose aux rives de la Seine,
Dans le temple immortel d'abeilles parsemé,
Au milieu des héros d'Ulm et des Pyramides,
Auprès des vieux soldats, des braves Invalides,
   « Du peuple qu'il a tant aimé !

Retour des Cendres de Napoléon.

A son Altesse Royale
Monseigneur le Prince de Joinville.

« Qui alteri reddiderit honores crexerit seipsum ! »
[Saint-Paul.]

Prince, vous revenez d'un noble et long voyage ;
Vous avez salué le glorieux rivage,
Le saule qui pleurait auprès de l'Empereur ;
Et vos mats couronnés de saintes auréoles
Semblent dire avec nous ces sublimes paroles :
　　　Français, nous avons du bonheur !

Prince, la nation saluant tant de gloire,
Tant de deuil, de splendeur, comme aux jours de victoire,
Sous les dômes sacrés rend grâces au Seigneur ;
Lutèce saluant la coupole dorée,
S'écrie en vous voyant sur la proue adorée :
　　　Français, nous avons du bonheur !

Les mers ont respecté la mission sublime
Et le ciel a béni votre ame magnanime ;
La France va jeter sur vous , Prince , une fleur ;
Les générations jusqu'au fond des chaumières
Mêlant à votre nom leurs chants et leurs prières ,
　　　　Diront : « Nous avons du bonheur ! »

Oh ! vous êtes heureux d'un tel pélerinage !
Oh ! vous avez doté d'un brillant héritage
Le brave qui renait au temple de l'honneur ,
Les soldats d'autrefois compagnons du grand homme ,
Ceux d'aujourd'hui disant aux vieux débris du Dôme :
　　　　Amis vous avez du bonheur !

Les vœux sont accomplis , la grande Capitale ,
Prince , a vu recueillir la gloire impériale ;
A vous est réservé cet insigne labeur ,
A vous ce droit sacré qui vaut un diadême ;
A nous de dire en chœur dans notre joie extrême :
　　　　« Votre vieux père a du bonheur !

Et nous , de ce beau jour qu'attend la grande ville
Pauvres marins assis sur les rocs de cette île ,
Aurons-nous seulement un mot consolateur ?
Oh ! pour le matelot de la rive lointaine
Ce jour tant désiré , cette ère souveraine
　　　　Seront-ils un jour de bonheur ?

A une Dame captive.

Oh ! vous faites rêver le poète , le soir ,
                    Quand tout est noir ,
  Quand minuit déroule ses voiles ;
Car l'ame du poète , ame d'ombre et d'amour ,
Est une fleur des nuits , qui s'ouvre avant le jour
Et s'épanouit aux étoiles !
                              [Victor Hugo.]

Madame , je voudrais avoir une couronne ,
Un jour être celui qui veut et qui pardonne ,
N'avoir qu'à dire un mot pour répandre l'effroi
Ou donner le bonheur ; je voudrais sur la terre
Faire gronder l'airain et déclarer la guerre ,
        Je voudrais un jour être roi !

Je voudrais un seul jour m'asseoir aux Tuileries
Sous les vieux écussons , les riches draperies ,
M'énivrant d'un vivat mille fois répété ;
Je voudrais un seul jour , appuyé sur mon trône ,
Pouvoir dire : « je veux, je commande, j'ordonne,
        Pour vous rendre la liberté !

Hélas ! je voudrais être un seul jour hirondelle ,
Et libre dans les airs de tourelle en tourelle ,
De clocher en clocher ; loin des regards jaloux ,
Venir me reposer de ma course légère
Sous vos toits où gémit la nuit l'ame en prière ,
        Pour pouvoir pleurer avec vous !

Si nous étions au temps où les métamorphoses
De tant de jours flétris faisaient des jours de roses,
Je voudrais être Orphée aux chants mélodieux;
Puis endormant Cerbère au noir séjour des ombres,
Avec la joie au cœur dans ces demeures sombres
       J'irais vous demander aux Dieux !

Mais dans ce doux espoir qui fait tressaillir l'ame,
Comme lui dans ces lieux oublierai-je madame,
Qu'un seul regard pourrait vous perdre pour jamais?
Non, vous reviendriez avec moi dans ce monde;
Oh? devrais-je plutôt de ce séjour immonde
       Vous ramenant, mourir après !

Car que me fait à moi, pauvre marin, la vie,
A moi, que nul ne plaint, à moi qui sans envie,
Sans espoir de repos, sans heureux lendemain,
M'endors? oui, que me fait une Parque inhumaine?
Oh ! que m'importe à moi qu'aujourd'hui la mort vienne
       Frapper à ma porte ou demain !

Mais vous que les attraits, les graces environnent,
Vous ici-bas à qui les uns en passant donnent
Une larme en secret et d'autres un soupir,
On ne saurait vous voir dans la tombe éternelle ;
Car laisse-t-on la fleur fraîche, fleurie et belle
       Et se dessécher et mourir !

Une Sœur cloîtrée.

« J'ai de mes mains
« Distillé le miel et le baume
« Sur les souffrances des humains !
[Béranger.]

Oh ! voyez cette sœur recueillie, inclinée,
Belle comme une vierge au jour où l'hyménée
    Fait un vœu solennel !
Les mains jointes, les yeux sur le Christ de la salle,
Elle prie à genoux sur une large dalle
    Aux pieds de l'Éternel !

Oh ! ce front si serein, ce bandeau qui le couvre,
Ce voile que jamais nul mortel ne découvre,
    Oh ! cette douce voix,
Ce Christ à ses côtés sont plus beaux que les trônes,
Que les lambris dorés, que les larges couronnes,
    Que les manteaux des rois !

Elle a quitté ce monde au printemps de la vie ;
Son ame a dit adieu, sans peine, sans envie,
    A son jour le plus beau ;
Puis elle s'est unie à Dieu, sainte Colombe ;
Pour couche nuptiale elle a pris une tombe,
    Pour boudoir un tombeau !

Et lorsque sur l'airain vibre la dixième heure,
Dans l'alcôve, à genoux une mère la pleure,
    Elle redemande au Seigneur,
La sainte qui n'a plus pour brillante soirée
Qu'une longue prière, et qui s'endort parée
    D'une croix au lieu d'une fleur !

Oh ! ne la pleurez pas ! elle s'est endormie
Avec Dieu, dès le soir où la sœur son amie
    A détaché son voile blanc,
Elle, pleurait aussi, pensant à vous, sa mère,
Au bonheur des élus, à la sainte prière,
    Au Dieu qui là-haut nous attend !

Au Roi des Français.

Acrostiche.

Premier mai 1840.

La joyeuse saison, le beau mois de l'année !
Où notre France au loin de ses fleurs couronnée
Unissant aux canons et ses chants et ses vœux,
Imite en ce beau jour une heureuse hyménée
Sous les dômes sacrés, dans le temple des Dieux !

Pendant que le soldat plein d'une douce ivresse,
Hors des quartiers bruyants se coudoie et s'empresse,
Ici, sous de grands mâts, sur l'inconstant vaisseau,
Loin des joyeux toasts, loin d'un concert si beau,
Ici, dis-je, j'écoute : en ces mêmes demeures,
Pas un qui seulement vienne égayer mes heures ;
Pas un qui seulement du marin malheureux
Écoute en s'arrêtant les accents douloureux !

Pendant que les enfants dans les vertes prairies
Rient et chantent en rond sous les branches fleuries
Et lorsqu'en voltigeant sur l'arbre, les oiseaux
Mêlent leurs doux concerts au murmure des eaux,
Il n'est pour moi, marin, d'une aussi douce joie,
En ce jour où l'armée au lointain se déploie,
Rien qu'un peu de lumière à travers du vaisseau !

4

riez, dansez, chantez à l'ombre des grands chênes,
Oh! ne sachez jamais les soucis et les peines
Ils sont pour vous les jours purs, à moi la douleur!

De ce jour si riant chacun de nous s'enflamme,
Et moi j'erre tout seul sur le pont, et mon ame
Soupire, appelle en vain une heure de bonheur!

Faites sous les longs murs de l'antique Lutèce,
Roi de la nation rivale de la Grèce,
Avancer des milliers d'hommes et de chevaux;
Ne comptez près de vous que braves généraux,
Cordons, laquais nombreux, et brillantes livrées,
Au loin noble splendeur, belles dames parées,
Illustres étrangers; mais en un si beau jour
Sire, puis-je me plaire en un tel séjour?

L'Oasis.

Fuyons loin d'un monde perfide ;
Dans les sables j'ai découvert,
Une source toujours limpide
Près d'un ombrage toujours vert ;
Crois-moi, des plaisirs sans mélanges
Naîtront à l'envie sous tes pas,
L'Oasis est le séjour des anges
Les soucis n'en approchent pas !

Refrain. Laisse-là tes palais d'Arabie
O toi qui veux d'éternels amours,
Belle enfant, mon idole et ma vie,
Au désert viens couler d'heureux jours !

Pays, vallons, riches contrées,
Où la terre en toutes saisons,
Sans culture, se voit parée
De fruits, de fleurs et de moissons ;
Où sans cesse la brise errante
Languit après de longs concerts,
Tandis que la plaine odorante
Embaume et rafraîchit les airs.

Laisse-là, etc.

Es-tu prête, allons, partons ma belle,
Rien ne peut égaler mes transports,
Et bientôt mon coursier fidèle
Nous aura portés sur ces bords ;
Pour te protéger en voyage
J'ai ma lance, sois sans effroi ;
Malheur à l'ennemi sauvage
Qui voudrait approcher de toi.

Laisse-là, etc.

La Beauté.

Lorsque tout de la nuit profonde
En six grands jours eût été fait,
Dieu fit la femme, alors le monde,
Mesdames, dut être parfait ;
Elle était, dit–on, si jolie,
Elle avait tant de majesté,
Qu'Adam vint, l'ame recueillie,
A genoux devant la beauté !

Oh ! qu'il eut, notre premier père,
Raison de se mettre à genoux !
De bénir la main tutélaire
Qui créa ce trésor si doux !
Car où donc seraient pour notre ame
La joie et la félicité,
Et les jours dorés sans la femme ?
A genoux devant la beauté !

Legouvé, noble auteur, que j'aime
Tes vers où tu dépeins si bien
La femme, ce bonheur suprême,
Cette richesse et ce doux bien.
Oh ! sors un instant de la tombe,
Sur l'aîle des anges porté,
Et que près de toi l'homme tombe
A genoux devant la beauté.

Quand l'orage a mûri la tête
Qu'il est doux le jour de l'hymen !
Oh ! qu'elle est belle cette fête
Où l'on presse une blanche main !
Où l'épouse tendre , chérie ,
Prononce le oui répété ,
Où l'on se voit, l'ame attendrie ,
A genoux devant la beauté.

Lorsque Charles VII sans courage
Était aux pieds d'Agnès Sorel ,
A qui vint-il dans un village
Une inspiration du ciel !
Et qui porta la délivrance
Au pays d'Anglais infesté?
Jeanne d'Arc a sauvé la France.....
A genoux devant la beauté !

Je voudrais qu'on bâtit un temple
A la femme ; si j'étais roi,
Je voudrais , en donnant l'exemple
Que chacun y vint avec moi !
Puis aussi je voudrais transmettre
Mes vœux à la postérité ,
Pour que mon peuple pût se mettre
A genoux devant la beauté.

L'Espérance.

Air : *Une robe légère.*

Au sol de l'infortune
Quand nous rêvons le soir,
Quand la brise importune
Souffle et puis qu'il fait noir;
Lorsque la vague immense
Vient jeter ses débris,
C'est toi, seule espérance,
Qui calme nos ennuis!

Oh! l'espoir c'est un rêve
Qui charme le sommeil,
Que le matin enlève,
Aussitôt le réveil;
Mais lorsque l'ame pense
A ses anciens amis,
C'est toujours l'espérance
Qui calme nos ennuis!

Espérons qu'au rivage
Pour le marin captif
Un jour après l'orage
Viendra le libre esquif;
Au sol de notre France,
Au toit du beau pays,
Espérance, espérance,
Viens finir nos ennuis!

Ce qu'elle a.

O matre pulchrà filia pulchrior!
[HORACE.]

Vingt fois elle a vu naître
Au bord de sa fenêtre,
L'œillet, le réséda!
Et vingt fois l'hirondelle
Venir à la tourelle;
Voici l'âge qu'elle a!

Beauté, douceur, constance,
Modestie, innocence,
Candeur, vif incarnat,

Font l'heureux apanage
De son joli visage ;
Voici les traits qu'elle a !

Quand elle vous regarde,
A vous prenez bien garde !
L'amour passe par-là !
Son regard est si tendre
Qu'on ne peut se défendre ;
Voici les yeux qu'elle a.

Sous la verte feuillée,
Quand la rose perlée
Est dans tout son éclat,
Quand Zéphir la balance
Et qu'on la voit, on pense
A la bouche qu'elle a.

Lorsque de sa commode
L'ouvrage qu'elle brode
Dans ses doigts passera,
Ou lorsqu'elle dévide
Sur le rouet rapide,
Voyez la main qu'elle a.

Ou bien lorsqu'elle effleure
Le matin de bonne heure,
Le sol qui fleurira ;

Lorsqu'elle est là qui passe,
Avec touchante grace,
Voyez le pied qu'elle a.

A tout elle pardonne;
Toujours au pauvre donne
Quand elle le verra,
Et pense qu'à la ronde
Ainsi fait tout le monde,
Voici le cœur qu'elle a.

Pour son nom je l'ignore,
Je ne sais point encore
Celui qu'on lui donna,
Mais je sais qu'on l'appelle
A Nancy la plus belle,
Voici le nom qu'elle a.

Passez toujours.

Vous que je vois, hélas! de ma fenêtre
Souvent ici passer, ange des cieux,
Me diriez-vous quel astre vous fit naître,
Et quel jour pur vous vit ouvrir les yeux?

Vénus, sans doute, aimable demoiselle,
Vous fit présent des plus brillans atours !
Ange aux yeux bleus que Dieu créa si belle,
Sous ces ormeaux, passez, passez toujours !

Moins blanc que vous un lys croît sur sa tige,
Quand le soleil a doré l'horizon,
Quand l'hirondelle aux fenêtres voltige,
Quand l'oiseau dit sa première chanson !
Oh ! moins splendide et moins riche étincelle
Ce qu'on admire aux somptueuses cours !
Ange aux yeux bleus que Dieu créa si belle
Sous ces ormeaux passez, passez toujours !

Ange d'amour, vous êtes si jolie,
Sur votre front règne tant de candeur
Que tous les jours dans ma chambre j'oublie,
En vous voyant l'ennui et le malheur !
D'une existence importune et cruelle
Votre aspect seul vient égayer le cours !
Ange aux yeux bleus que Dieu créa si belle
Sous ces ormeaux, passez, passez toujours.

Sous ces ormeaux, passez, passez encore,
Rien à Nancy n'est si joli que vous,
Non rien ici, rien que le cœur adore
D'aussi charmant, vierge au regard si doux !

Chaque matin , dès l'aurore nouvelle ,
A ce refrain je veux avoir recours ,
Ange aux yeux bleus , que Dieu créa si belle
Sous ces ormeaux , passez , passez toujours.

Ne passez plus.

Oh ! d'un pas gracieux et lent
Pourquoi passez-vous si souvent ?
Pourquoi , jeune ange , que Vénus
De mille attraits a couronnée ;
Passez-vous chaque matinée ?
Sous ces ormeaux frais et touffus
Hélas ! hélas ! ne passez plus !

C'est le bonheur quand vous passez,
Quand par les dieux sont exaucés
Tous les désirs que j'ai conçus !
Mais aussi c'est la peine extrême
Quand je ne vois plus ce que j'aime !
Sous ces ormeaux frais et touffus
Hélas ! hélas ! ne passez plus !

Si venait la félicité,
Avec tous ses jours de gaité,
Jours comme une ombre disparus,
Je vous dirais en cette vie
Le plus doux bonheur que j'envie !
Sous ces rameaux frais et touffus
Hélas ! hélas ! ne passez plus.

C'est toi!

Jeune fille, hier soir sais-tu que je t'ai vue
Descendre en souriant la paisible avenue
Qui conduit le dimanche au saint temple de Dieu !
Jeune fille, sais-tu que je te vois encore
A cette heure où l'aimable et radieuse aurore
    Là-haut va dorer le ciel bleu.

Jeune fille, sais-tu qu'à l'heure où tout repose,
Où la fleur du bosquet va bientôt être éclose,
Où l'oiseau du matin annonce le retour,
Seul je veille, accoudé sur d'épaisses murailles;
Sais-tu que c'est pour moi l'heure des représailles,
    Et pour toi celle d'un amour?

Sais-tu qu'à l'heure où si jolie
Tu dors sous tes rideaux légers,
Mon ame veille recueillie
Avec des rêves mensongers !
Sais-tu qu'à l'heure où ta paupière
Va s'entr'ouvrir à la lumière,
Et que lorsque ta tendre mère
Se glisse auprès de toi sans bruit,
Ma muse à toi toujours fidèle,
Est heureuse, ma toute belle,
Comme sous une citadelle,
D'avoir veillé toute la nuit.

C'est qu'il faut la rosée à la fleur du bocage,
C'est qu'aux pâtres assis sous le riant ombrage,
    Il faut le son du chalumeau,
C'est qu'il faut le zéphir au blé qui se balance,
O ! c'est qu'il faut à toi jeune et belle Constance,
    Il faut un chant toujours nouveau !

C'est que tout ici-bas a son culte, sa flamme,
C'est que ma muse, hélas ! cède tout à ta loi ?
C'est qu'il est un objet qui seul ravit mon ame !
    Et cet objet, c'est toi !

Illusion.

Pendant le court trajet d'une marche nocturne,
Je cherchais une issue à travers les forêts ;
Tandis que de mon ame une voix taciturne,
Invoquait de la lune les splendides reflets.
Egaré un moment, j'examinais dans l'ombre
La pâleur de la nuit, puis un nuage sombre
Couvrait de son manteau les arbres du chemin ;
L'obscurité alors remplaçait la lumière,
Tout dans la nature paraissait incertain,
De la vie au néant telle était ma prière.

La forêt silencieuse écoutait les échos
Répéter de ma voix la pensée fugitive,
Tandis que la chouette à tous mes derniers mots
Unissait d'un grand cri sa clameur si plaintive.
Mais bientôt m'apparut un rayon lumineux,
Arrêté sur un chêne comme échappé des cieux ;
Sa lueur toute pâle m'éblouit et m'étonne,
Je crois voir un fantôme qui m'attend, me poursuit :
D'un géant la grandeur ou le diable en personne
Semble me condamner au charme qui séduit.

A son premier aspect je demeure immobile,
Comme un marbre glacé; je fixe ce rayon
Qui m'entoure, me saisit; d'un effort inutile
Je veux de mon esprit détruire l'illusion.
Tout en lui me fait voir un génie de la fable,
Au regard menaçant à la voix redoutable;
Car son corps velouté me sembla plus hideux,
En approchant de moi, pour toucher à la terre,
Que quand il m'apparut en descendant des cieux :
Je le crus échappé d'un éclat du tonnerre.

Pendant long-temps encor je sentis en mon cœur
Un essaim de frayeurs, de soupirs et de crainte.
Tous mes sens éperdus n'éprouvaient que douleur,
En le voyant ainsi; mais frappé d'horreur sainte,
Je gravis en courant le rapide coteau,
Qui sépare la ville et conduit au hameau.
La lune en ce moment pénétrant le nuage,
Effaça du génie la forme et la grandeur,
Je respirai alors et j'eus tout l'avantage
De contempler au loin le lieu de mon erreur.

FIN.

www.ingramcontent.com/pod-product-compliance
Lightning Source LLC
LaVergne TN
LVHW050302090426
835511LV00039B/1010

9782011856029